This Notebook Belongs To

____

www.ingramcontent.com/pod-product-compliance
Lightning Source LLC
LaVergne TN
LVHW061941070526
838199LV00060B/3912
* 9 7 8 7 2 9 6 0 9 0 2 5 0 *